LE REVENU

DE

L'ABBAYE DU BEC

A la Fin du XVIIIe Siècle

Par L. Chanoine-Davranches

SOTTEVILLE-LÈS-ROUEN

IMPRIMERIE E. LECOURT

Rue Pierre-Corneille, 48

—

1897

LE REVENU

DE

L'ABBAYE DU BEC

A la Fin du XVIIIe Siècle

Par L. Chanoine-Davranches

SOTTEVILLE-LÈS-ROUEN

IMPRIMERIE E. LECOURT

Rue Pierre-Corneille, 48

—

· 1897

L. CHANOINE-DAVRANCHES

LE REVENU
DE
L'ABBAYE DU BEC

A LA FIN DU XVIIIE SIÈCLE

L'abbaye du Bec a eu la plus étrange destinée : Après avoir longtemps brillé du merveilleux éclat que donne une renommée scientifique et littéraire indiscutée, elle a si complétement disparu de la mémoire du peuple qu'à vingt lieues à la ronde, on ne sait plus qu'elle a existé. N'en parlez pas aux habitants de la contrée, vous ne rencontreriez qu'étonnement. Si vous insistez, on vous répondra : « Le Bec, c'est un dépôt de remonte. » Voilà tout ce qui en reste. On ne connaît de ses vestiges que leur destination actuelle. Il n'a pas fallu cent ans pour effacer ce grand souvenir.

Sommes-nous si riches en célébrités de toutes sortes ou si indifférents que nous puissions laisser s'éteindre dans l'oubli une des gloires historiques les moins contestables de notre Normandie, disons mieux, une des gloires de la France. Sans refaire son histoire, ne suffit-il pas de rappeler de quelle haute réputation de savoir a été entouré, dès sa fondation au XIe siècle, le monastère d'Helluin, et quel était le renom de son enseignement le plus recherché de l'Occident. Des diverses contrées de la France, on accourait alors à son école. L'Angleterre, l'Allemagne, l'Italie envoyaient leurs savants se perfectionner aux cours des Lanfranc et des Anselme. Dire les noms des hommes remarquables qui sont sortis de ses bancs serait presque citer toutes les illustrations de cette époque de rénovation littéraire (1). La piété de ses moines autant que leur science les désignait pour occuper les plus hautes fonctions ecclésiastiques. Un d'entre eux est devenu pape ; plusieurs, cardinaux ; trente ont été évêques ; plus de cinquante, abbés.

La grande situation que le Bec avait conquise dans le domaine religieux et littéraire, avait attiré dans ses murs les représentants des plus nobles familles. Ils offraient leurs richesses à Dieu, disaient-ils, en réalité au couvent. Les barons voisins suivirent leur exemple et, pour soutenir le lustre de la communauté, lui firent de nombreuses et importantes donations. Les rois, les princes, les nobles, les particuliers se dessaisirent en sa faveur de leurs biens, de leurs patronages, de leur dîmes, de leurs rentes. L'abbaye du Bec relevait directement du roi. Sa richesse devint proverbiale. Elle a donné naissance au dicton bien connu :

« De quelque part que le vent vente
« L'abbaye du Bec a rente. »

C'était vrai, ou à peu près : Dans sa seule mouvance ecclésiastique, elle comptait 18 prieurés et 160 paroisses, dont 17 très importantes, avec droits de patronage, de dîmes et de seigneurie sur un grand nombre d'entre elles. Le Pouillé de Rouen en a donné la nomenclature.

Sa situation territoriale était particulièrement considérable. Jusqu'au milieu du XIe siècle, ses biens avaient même été encore plus nombreux par suite des donations qu'elle avait reçues des rois et de la noblesse en Angleterre. Ducarel, dans ses *Antiquités Normandes*, a rappelé quelques-unes de ses multiples possessions dans le royaume anglo-saxon (2) ; elle les a perdues à l'époque du schisme

---

(1) Il suffit de rappeler les noms d'Yves de Chartres, de Gilbert Crespin, les deux hommes les plus érudits de leur temps, des historiens Milon Crespin et Robert Dumont, de Guimon d'Aversa, de Philippe de Bayeux, des savants abbés Bezon, Théobald et Letard, etc ; au XVIIIe siècle, ceux de l'orientaliste Dom Toustain, l'auteur du nouveau traité de diplomatique, de Dom Bourget, l'historien de l'abbaye, de Dom Fortet, le continuateur de l'Histoire de la Congrégation de Saint-Maur, de Dom Massuet, le compilateur des Annales Bénédictines, etc.

(2) Il cite les seigneuries de Blachenham en Suffolk, de Willesford dans le comté de Lincoln, Cowleh près Exéter dans le Devonshire, Hoo dans le Sussex, Lesingham dans le Norfolk, la seigneurie et l'église du grand et du petit Okeburn dans le Wiltshire, la seigneurie et l'Église à Riselip dans Middlesex, l'église et des terres à Godehill, dans le

d'Henri VIII, mais ses quatre baronnies et ce qui lui restait en France constituaient toujours un avoir énorme.

On a souvent parlé de l'égoïsme de la vie claustrale. Ce reproche ne semble pas s'appliquer aux religieux du Bec. Leurs habitudes de charité résultent d'un fait peut-être unique dans l'histoire : le nombre des malheureux qui imploraient la générosité des pères, après avoir dépassé annuellement le chiffre de dix mille, devint si élevé, qu'il fallut employer la force armée pour empêcher le désordre à l'aumône générale du jeudi. On n'y parvint pas et, le 17 février 1770, le Conseil d'État dut, par un arrêt peu commun, « réglementer les « distributions qui se faisaient au Bec, de la Chandeleur à la fête de « Saint-Jean-Baptiste (1) ». L'abbaye était pour la contrée une providence ; aussi la sympathie populaire l'a-t-elle suivie jusqu'après la suppression des ordres monastiques. On en trouve la preuve dans les délibérations des conseils municipaux et les rapports de l'administration départementale. Ces constatations ne sont pas inutiles quand on parle de l'opulence d'une maison religieuse.

La fortune du Bec a été beaucoup vantée : on n'en a jamais précisé le *quantum*. Les écrivains émettent sur ce sujet les opinions les plus contradictoires. La *Normandie Illustrée* lui prête, on ne sait pourquoi, plus de 700,000 livres de rente, chiffre adopté par Guilmeth dans son *Histoire de Brionne*, malgré ce qu'il a de fabuleux. L'auteur anonyme du *Dictionnaire Universel de la France* ne lui reconnaît qu'un revenu de 50,000 livres. Vosgien, dans son Dictionnaire Géographique, va jusqu'à 60,000. Charpillon (*Dictionnaire Historique de l'Eure*), sans indiquer ses sources, parle de 180,000 livres, quelques années avant la Révolution.

Comment expliquer ces divergences, s'agissant surtout d'une communauté aussi importante que l'abbaye du Bec. Il semble qu'à l'aide des aveux et dénombrements, des registres et papiers terriers, des inventaires, des déclarations passées en vertu des lois sur la

comté de Monmouth, une partie de la ville de Tooting en Surrey, l'église de Steventon dans le Berkshire ; les prieurés de Wellesford dans le Lincolnshire, d'Okeburn dans le Wiltshire, de Ponington dans le comté de Dorset, de Ruislip en Middlesex, de Wedon dans le Northampton, de Stevensan, de Cobich, de Tooting, d'Hoo, de Stoke ainsi qu'une infinité de chapelles, et les seigneuries de Preston dans le territoire de Pevensel, et d'Atherston dans le comté de Warwick.

(1) *Frère.* — Manuel du Bibliophile Normand.

suppression des ordres religieux, on ait dû savoir par le menu le détail des biens possédés par l'abbaye et le revenu qui en provenait. Cependant rien n'est moins élucidé que cette question en apparence si facile à résoudre.

On pourrait s'en étonner si l'on ne connaissait la cause principale et malheureusement irrémédiable de cette pénurie de renseignements, la destruction des titres de l'abbaye. Ils étaient nombreux ces titres, renfermés dans leurs deux grands chartriers. On les avait soigneusement classés et catalogués dans leurs armoires de chêne et ils étaient tenus pour si précieux que Colbert en avait ordonné l'inventaire en 1670. De quel intérêt n'eussent-ils pas été pour l'étude de l'histoire. Ils n'en ont pas moins été dispersés et anéantis.

Quand la suppression des ordres religieux eût été prononcée et leurs biens acquis à l'Etat, la municipalité du Bec fut chargée de faire un rapport de ce qui existait dans le couvent. Les meubles furent facilement inventoriés (1); mais quand on se trouva en présence de l'innombrable somme de titres qui remplissaient les appartements où de tout temps ils avaient été conservés, on recula devant le dépouillement. La tâche parut surhumaine à ces hommes étrangers à la lecture des anciens manuscrits. On se contenta de retirer les clefs et d'apposer les scellés.

Vint la loi du 17 juillet 1793 qui ordonnait de brûler les pièces entachées de féodalité. Par un sentiment d'unanime déférence, elle ne fut pas provisoirement exécutée au couvent. On procéda à un premier triage de titres de propriété qui furent envoyés à Bernay. D'autres liasses contenant les chartes royales, les aveux, dénombrements et gages-pleiges restèrent à l'abbaye. Le Directoire du district s'en fit plus tard adresser une partie dont on alluma un feu de joie à Bernay, le 9 janvier 1794 (2). On ne sait pas ce que le reste est devenu.

Quant aux premiers titres adressés au chef-lieu du district, on en a fait, le 22 mars 1800, une vente comme vieux papiers au prix de

---

(1) Le 3 mai 1790, conformément à la loi du 12 novembre précédent, les religieux avaient déposé à la mairie du Bec une déclaration signée d'eux, des meubles et objets existant dans le monastère. Cette pièce paraît avoir été perdue.

(2) *Veuclin.* — Fin de l'abbaye du Bec, p. 94.

deux sous la livre, et la cire verte des sceaux a servi à confectionner de la bougie (1). La disparition de ces inestimables documents laisse dans une ombre épaisse la valeur des biens et le montant des revenus de l'abbaye.

On connaît exactement la nature des relations économiques entre les moines et l'abbé jusqu'au milieu du xviie siècle. Habituellement les revenus d'une abbaye étaient divisés en trois parts (2) : l'abbé en prenait deux en se chargeant des grosses réparations, des aumônes et de l'acquit des fondations. La troisième appartenait aux religieux. Ce système longtemps suivi au Bec n'était pas sans inconvénient pour un abbé commendataire étranger aux choses du couvent et le plus souvent éloigné de sa résidence. En 1654, l'abbé de Vic abandonna ses parts à la communauté moyennant une pension de 11,000 livres. Ses successeurs continuèrent après lui à adopter ce mode de transaction. En 1710, l'abbé de la Rochefoucauld avait consenti à recevoir un traitement de 8,000 livres quand les religieux eurent la malencontreuse idée de demander un nouveau partage des biens ; de là un long procès. L'influence de l'abbé était grande ; un arrêt du conseil intervint qui, supprimant la pension de 8,000 livres, consacra un nouvel état de choses désastreux pour le couvent. L'abbé cédait les biens de sa mense aux religieux, mais ceux-ci lui payaient une pension de 48,000 livres et conservaient l'entier et lourd fardeau de l'entretien des bâtiments conventuels, des prieurés, des fermes et maisons dépendant du monastère (3). Il en a été ainsi jusqu'à la Révolution.

Les charges imposées aux religieux par cet arrêt étaient d'autant plus écrasantes que l'administration successive des abbés commendataires avait été plus détestable et le couvent surchargé de décimes (4). Les propriétés rurales mal louées ou improductives

---

(1) *Le Prévost* Mémoires et notes sur le département de l'Eure).

(2) *Acosta* (Histoire des Revenus Ecclésiastiques).

(3) *L'abbé Porée*. (L'abbaye du Bec au xviiie siècle).

(4) On appelait décimes, les impôts prélevés par ordonnance royale sur les bénéfices ecclésiastiques pour subvenir aux dépenses de l'Etat. Ces impôts étaient répartis par diocèses dans l'assemblée générale du clergé, et ensuite, dans chaque diocèse, par les grands vicaires et les députés du clergé diocésain. Bien que ces prélèvements fussent masqués sous le nom de *Don Gratuit*, ils n'en constituaient pas moins des contributions obligatoires. Ils ont toujours été en progressant : En 1580, le diocèse de

étaient laissées à l'état d'abandon ; les bâtiments des fermes tombaient en ruines (1). Chaque année, le revenu de l'abbaye tendait à s'amoindrir. En 1771, à la mort du comte de Clermont, l'avant-dernier abbé, le patrimoine du couvent était si notoirement déprécié que l'abbaye fut mise en économat, et la gérance confiée à M. Marchal de Sainscy, Econome-Général du clergé.

C'était une rude tâche pour ce haut fonctionnaire que de pourvoir à une administration aussi défectueuse. Il pensa que le meilleur moyen de ramener la prospérité dans les finances du monastère et de relever le prix des baux était de traiter avec un intermédiaire intéressé et responsable. Une ferme générale fut décidée : le 14 juillet 1774, elle fut adjugée à une société composée de trois membres solidaires qui, associant à l'entreprise M. Pierre-Armand Fouquet, archiviste de l'abbaye, le chargèrent « de faire la recette du « prix des baux et des revenus, des rentes seigneuriales et constituées, « foncières ou hypothécaires, des droits de treizièmes et casuels, de « tenir les plaids et gages-pleiges, et de faire l'aumône accoutumée. » (Contrat du 13 décembre 1774) (2).

M. Marchal de Sainscy donna aux fermiers généraux la procuration la plus étendue pour l'administration des biens.

Le bail avait été consenti pour une période de six ans moyennant un loyer annuel de 140,550 livres. Les fermiers généraux déployèrent une activité prodigieuse qu'explique le souci de leurs intérêts, souscrivant de nouveaux baux, en précisant les charges, augmentant les prix souvent dérisoires de location et veillant à la rentrée des loyers. L'ordre revint où régnait depuis longtemps le désordre et la confusion. Quand il fallut liquider les résultats de l'association, un compte général fut dressé des opérations communes pour arriver au partage des bénéfices. Ce document important, dont l'exactitude a pour garant le contrôle intéressé des parties, relate la

---

Rouen était taxé à 140,000 livres. En 1736, il l'était de 252,000 livres ; en 1754, de 289,718 ; en 1757, de 361,391 ; en 1761, de 456,000 ; en 1763, de 564,734 ; en 1766, de 599,744 et en 1786, de 621,850 livres.

(1) *Veuclin*. — Fin de la célèbre abbaye du Bec.

(2) Il était concédé à M. Fouquet un logement dans la maison abbatiale avec la jouissance de l'enclos appelé la Cour des Entes et du petit Pré dit le Parquet.

source des rentes, l'attribution des paiements, le *quantum* et l'établissement du gain sujet à partage. Il fait ainsi connaître, par paroisse, le produit de la location des terres et des dîmes, les charges de la mense, la quotité du revenu conventuel et celle du revenu effectif sous le régime du bail. Voici, d'après cet état détaillé, la nomenclature des biens et des dîmes avec l'indication de leur rendement. Nous en respectons la division, l'ordre et l'orthographe.

On n'oubliera pas que les chiffres mentionnés dans ce tableau représentent l'ensemble des revenus pour la durée du bail, c'est-à-dire *pendant une période de six ans.*

I

Département de Breteuil et Paris

Dîme de Bérou	6.000 livres.
Dîme de Breux et Penlatte.	8.800 —
Dîme de Lhomme.	5.040 —
Dîme de Hellenvilliers	2.450 —
Dîme de Marneler.	2.000 —
Dîme de Tillières	9.000 —
Dîme d'Acon	6.000 —
Dîme et terres de Conteville.	17.800 —
Maison de Paris (1), 1ᵉʳ bail.	4.500 —
Maison de Paris 2ᵉ bail.	5.520 —

II

Département de Meulan

Dîme de Mezy	14.700 —
Ferme de la Gâtine (à Seraincourt) (2) . . .	12.000 —
Dîme de Morainvilliers.	3.090 —
Dîme de Flins	540
Dîme du Perchai	6.090 —
Dîme de Senot	5.520 —
Dîme de Courdimanche	4.800 —
Dîme de Condecourt	1.374 —
Dîme d'Avernes	72 —

---

(1) Cette maison sise à Paris, rue Saint-Jacques, paroisse de Saint-Benoît, portait l'enseigne du Chapeau Rouge. Elle avait été louée d'abord à un épicier du nom de Chevalier. Elle le fut plus tard à un nommé Mabire dont le commerce n'a pas prospéré.

(2) Cette ferme était de 172 arpents.

Terres à Evêquemont (Breux)............	264 —
Dîme de Tessencourt.................	1.962 —
Terres à Condecourt................	4.182 —
Dîme à Incourt.....................	14.250 —

III
Département de Louviers

Ferme de Marbeuf (1)................	104.000 —
Dîme de Saint-Aubin-d'Ecrosville..........	5.300 —
Dîme de Criquebeuf.................	12.250 —
Dîme de Reuilly....................	3.500 —
Dîme du Mesnil-Fuguet...............	540 —
Dîme de Mandeville.................	2.650 —
Dîme d'Emalleville..................	8.125 —
Dîme du Neubourg..................	2.150 —
Dîme de Saint-Georges-du-Theil..........	16.500 —
Dîme de Crestot....................	7.350 —
Dîme de Cesseville..................	12.600 —

IV
Département de Bernay

Dîme de Rougemontiers...............	15.700 —
Dîme de Beuzeville..................	1.470 —
Dîme de Quesnay...................	4.200 —
Dîme d'Afquin.....................	3.920 —
Dîme de Fouques...................	4.800 —
Dîme de Quetteville.................	15.000 —
Dîme de N.-D.-du-Val................	8.400 —
Dîme des Hayes de Calleville...........	5.600 —
Dîme de Calleville..................	1.050 —
Dîme de Routot....................	9.300 —
Dîme de Neuville...................	7.700 —
Dîme de Saint-Georges-du-Vièvre.........	5.600 —
Coutume Saint-Georges...............	1.970 —
Dîme de la Blaquemare...............	4.060 —
Dîme de Grasville...................	3.720 —

(1) (2) Etaient compris dans le domaine de ce nom, la dîme de Marbeuf ainsi que les terres louées à divers particuliers sur les deux paroisses de Marbeuf et de Saint-Aubin-d'Ecrosville et formant un ensemble de plus de 500 hectares. L'abbaye possédait à Marbeuf seulement, 300 acres de terre louées à 70 personnes.

Dîme de Beuzeville	9.275 —
Dîme de Bouttemont	4.550 —
Dîme de la Gohagne	1.540 —
Dîme de la Grande-Campagne	13.200 —
Terres à Ecaquelon et Appetot	4.200
Terres à Voiscreville	1 430 —
Terres à Saint-Léger (Jules Duval)	2.310 —
Terres à Saint-Léger (ferme Grenet)	2.270 —
Terres à Saint-Léger (David-Jattin)	1.040 —
Terres à Voiscreville (Eudeline)	9.000 —
Terres à Voiscreville (Le Parc)	2.600 —
Terres à Thierceville	715 —
Terres à Ecaquelon	3.250 —
Terres de Saint-Paul-de-Fourques	1.170 —
Terres au Gros-Theil	409 —
Terres et pré à Pont-Authou	1.495 —
Terres à Thierceville	2.080 —
Terres à Saint-Taurin-des-Ifs	2.470 —
Terres à Saint-Paul (Barbet et Fleury)	2.405 —
Terres à Saint-Eloi	10.380 —
Moulin du Bec	0.500 —
Terres à Saint-Paul (Lerouge et Viard)	1.209 —
Terres et bois à Valame	5.105 —
Ferme du Chesnay (1)	0.750 —
Pêche de la rivière de Risle	468 —
Moulins des Mangeants	4.550 —
Pré au Bec	4.800 —
Autres prés du Bec	1.070 —
Moulin d'Appreville	5.700 —
Dîme de Voiscreville	1.200 —
Dîme de Livet	2.600 —
Ferme de Fourquette	18.000 —
Dîme de Blangy	4.000 —
Dîme de Fumichon	1.090 —
Ferme des Granges	52.000 —
Dîme de Boissy	1.350 —

(1) Ou du Quesnay, près de Malleville.

Ferme et dime du Theil-Nolent	70.950 —
Manoir et terres d'Aillet.	14.200 —
Dime de Serquigny	5 250 —
Manoir de Boscives.	4.200 —
Dime de Livarot	3.360 —
Dime de Boscrenaux.	12.000 —
Dime de Courbépine	10.600 —
Dime de Duranville.	10.600 —
Ferme du Hauzai.	24.600 —
Dime de Grandchain.	8.400 —
Dime de Drucourt	15.000 —
Dime de Folleville.	11.200 —
Dime de Berthouville	12.000 —
Dime du Caumont	16.250 —
Dime de Thibouville	4.900 —
Ferme de la Chambrière (2)	7.475 —
Ferme de Saint-Paul-de-Fourques	16.250 —
Ferme de Boscrobert.	21.450 —
Moulin du Parc	8.400 —
Dime de Bournainville.	7.200 —
Moulin des Vieils.	13.500 —
Moulin de la Trinité Josselin	8.500 —
Dime de Grandcamp	5.950 —
Dime de Fouqueville	9.800 —
Dime de Saint-Taurin-des-Ifs.	10.000 —
Dime et terres de Cretot	9.700 —
Dime d'Epreville.	11.600 —
Dime de Saint-Germain	14.100 —
Dime de Bosbénard.	5.600 —
Moulin du Bosrobert	10.000 —
Dime de Saint-Martin (du Parc)	3.500 —
Ferme de la Haumoine	32.000 —
Ferme de Maillot.	15.000 —
Ferme et dime de Saint-Eloy	27.300 —
Rente foncière de Grécourt	4.800 —
Manoir du Bosc	13.050 —
Dime de Saint-Christophe.	16.200 —

(2) Ou de la Chambrerie.

Dîme de la Blottière.	3.100 —
Dîme de l'Epine Poignon	600 —
Dîme de Champagne	1.650 —
Dîme de Quernes.	640 —
Dîme du Mesnil-Simon	3.144 —
Dîme du Sapt	1.350 —
Ferme de Cernay.	13.5 0 —
Dîme de Moyaux.	3.475 —
Dîme de Chelfreville	672 —

En dehors du loyer des terres et des dîmes, la ferme générale a perçu pendant la même période de six ans :

19.860 livres de rentes seigneuriales,
18.378 livres de rentes foncières,
18.048 livres de droits de treizièmes,
 1.501 livres de vente des bois-taillis du Parc,

soit, dans son ensemble, une recette *annuelle* d'environ 199.500 livres.

Le montant du loyer était de 140.500 livres. Mais il convient d'y ajouter le prix des réparations, les frais et faux-frais et aussi les charges imposées par le contrat et dont le détail semble résulter d'un état annexé au dossier. Cette pièce n'est pas sans intérêt; elle constate qu'il devait être payé :

Aux religieux du Bec pour charges claustrales et entretien des murs et de la fontaine (1). . . .	2.450 livres	sous
Au bureau des valides de Rouen	60 —	» —
A l'abbaye de Saint-Wandrille	12 —	» —
Au bailly du Bec	100 —	» —
Au procureur fiscal	100 —	» —
Au sergent.	13 —	» —
Au geôlier des prisons	50 —	» —
Au portier de l'abbatiale	60 —	» —
A Louis Lacoudre, garde	200 —	» —
A Guillaume Parmentier, garde.	200 —	» —
A Charles Guay, garde	200 —	» —
A Gabriel Martigny, garde du Theil-Nollent. . . .	200 —	» —

---

(1) Les religieux du Bec appelaient la fontaine, les conduites d'eau ou aqueducs de plus de 1,500 mètres qui amenaient les sources de Saint-Martin-du-Parc jusque dans l'abbaye où elles servaient à l'agrément des jardins et à l'utilité du couvent.

Autres charges en argent et en grains :

Au curé de Saint-Taurin-des-Ifs pour pension congrue..............................	500	»	
Au curé du Bec	80	»	
Au vicaire de Saint-Martin-du-Paulx	250	»	
Au curé de Condé	27	»	
Au curé de Saint-Christophe.............	87	»	
Au curé de Mezy.......................	50	»	
Au chapelain de Neuilly................	16	»	
Au seigneur de Neuville................	»	11	
Au curé de la première portion de Saint-Germain-la-Campagne........................	11	5	

Au curé de Drucourt, 28 boisseaux de blé.

Au curé de Beuzeville, 1 muids de blé, 4 septiers d'avoine, 2 septiers de poids blancs, 2)0 gerbées, 100 livres d'argent.

Au curé de Bretonville, 192 boisseaux de blé, 24 d'avoine, 12 de pois, 12 de vesce avec les faînes, pailles, vanne et revanne provenant desdits grains.

Au curé de Saint-Julien, 16 boisseaux de blé, 16 d'orge, 16 d'avoine.

Au curé de Marbeuf, 86 livres en argent, 36 boisseaux de blé, 24 d'avoine, 12 d'orge, 200 gerbes de vesce, 200 gerbes de blé.

Au curé de Saint-Aubin, 100 boisseaux de blé, 100 d'avoine, 200 gerbées.

Au curé de Cesseville, 16 boisseaux de blé.

Au curé de Crestot, 32 boisseaux de blé, 24 d'avoine, 47 livres en argent.

Au curé de Quetteville, 48 boisseaux de blé, 48 de seigle, 96 d'avoine, 48 d'orge, 48 de pois, 500 gerbées.

Au curé d'Emalleville, 52 boisseaux de blé, 12 de seigle, 32 d'avoine, 10 d'orge, 5 de pois, 5 de vesce.

A M. de Montpoignant, 100 gerbées.

Au curé de Fouqueville, 28 boisseaux de blé, 16 d'avoine, 20 livres en argent.

Au curé de Saint-Ouen-du-Pontcheuil, 18 livres en argent.

Au trésor de Bienfait, une rente de 7 livres 6 sous.

Au curé de Condecourt, une rente en grains non détaillée.

On remarquera qu'on ne trouve pas, dans cet état, d'affectation spéciale pour les frais de réparation des églises sujette à la dîme. (1) La raison en est, que les recettes des dîmes avaient été louées et les réparations du chancel imposées aux fermiers.

---

(1) Le chœur de l'église, ou chancel, était à l'entretien du patron, tandis que la nef était réparée par les paroissiens. De là une différence, souvent notable, dans l'état de ces deux parties de l'église, suivant la générosité de l'un ou de l'autre des intéressés.

Ceux-ci étaient aussi chargés dans un grand nombre de baux du paiement de la portion congrue au curé de la paroisse dont-ils recueillaient la dîme.

Tout compte fait, les fermiers généraux ont eu la chance de faire avec le bail une opération avantageuse. Dans l'état où étaient les biens du couvent, ce résultat fait honneur à leur intelligence et à leur activité.

Mais l'opération n'a pas été bonne que pour eux, l'abbaye a ressenti les heureux effets des surélévations imposées sur le prix des baux particuliers. Par le fait, son revenu s'est trouvé augmenté d'autant, et quand les fermiers généraux ont demandé, en 1780, à continuer leur location pour une nouvelle période de six ans, ils n'ont obtenu leur contrat qu'au loyer annuel de 192,600 livres.

Un troisième bail a été signé le 20 mars 1784, qui devait commencer le 1er janvier 1787 et expirer le 31 décembre 1795 ; il a pris fin par la vente des biens ecclésiastiques. (1) Le dossier ne fait pas connaître quel en était le fermage annuel. Il ne pouvait pas sensiblement différer de celui du bail précédent.

Ainsi se trouve déterminé, à l'aide de documents certains, le montant des revenus de l'abbaye du Bec, vers l'époque de la Révolution. Dans le *Compte du revenu de la mense conventuelle de l'abbaye de Notre-Dame du Bec, tant pour l'année 1790 à laquelle on n'a pas touché, que pour les arrérages*, (2) M. l'abbé Porée relève au total une somme de 140,396 livres, compris la pension de 48,000 livres de l'abbé, avec 23,583 livres d'arrérages. On peut se convaincre que ces chiffres présentés au nom du couvent ne sont pas exacts, et qu'il y a lieu de les rectifier.

Inutile de rappeler comment s'est opérée la dispersion des quarante religieux qui habitaient le monastère en 1789, et dans quelles conditions regrettables pour l'art archéologique les bâtiments du couvent ont été détruits. Il suffit d'avoir élucidé un point historique qui, jusqu'ici, était resté incertain.

---

(1) Les effets du bail général ont été maintenus jusqu'à l'entrée en jouissance des acquéreurs.

(2) Archives de l'Eure. — Domaines nationaux.

www.ingramcontent.com/pod-product-compliance
Lightning Source LLC
Chambersburg PA
CBHW070434080426
42450CB00031B/2409